AF321839

RÉGLEMENT

DE

LA SOCIÉTÉ

DES AMIS DU PEUPLE.

Paris.

IMPRIMERIE DE DAVID,

BOULEVART POISSONNIÈRE, N. 6.

1830.

RÉGLEMENT

ADOPTÉ PAR

LA SOCIÉTÉ DES AMIS DU PEUPLE,

DANS SA SÉANCE DU 10 NOVEMBRE 1830.

I. — DE LA SOCIÉTÉ.

1. La Société des Amis du Peuple se compose de membres titulaires et de membres correspondans en nombre illimité. Elle a des Sociétés affiliées.

Les membres correspondans ont le droit d'assister aux séances et de prendre part aux délibérations.

2. Pour être admis membre de la Société, tout citoyen devra être présenté par deux membres avec lesquels il signera sa demande.

Cet acte sera renvoyé au bureau central, qui devra voter au scrutin secret l'admission ou le rejet. Deux boules noires suffiront pour la non admission.

Au commencement de la séance qui suivra la présentation, le nom du candidat sera proclamé et inscrit à la suite de l'ordre du jour affiché dans la salle. A la fin de la séance la société votera par assis et levé sur son admission définitive, à la majorité des deux tiers des membres présents.

3. Tout membre titulaire doit à la Société : 1° un droit d'entrée de *cinq francs* ; 2° une cotisation mensuelle de *trois francs*.

Nul ne pourra prendre part aux travaux de la Société s'il n'a satisfait à ces obligations.

4. Sera considéré comme démissionnaire, à moins qu'il ne présente des excuses jugées valables par le bureau, tout membre qui n'aura pas payé le droit d'entrée dans le délai de quinze jours après sa réception,

ou pendant deux mois consécutifs n'aura pas versé la cotisation mensuelle.

Tout membre d'un comité ou d'une commission qui, sans excuse valable, aura manqué à l'une des séances fixées par ces comité ou commission, sera passible d'une amende de *un franc*.

II. — BUREAU CENTRAL.

5. Le bureau se compose de quinze membres, qui seront renouvelés par deux tiers de mois en mois avec faculté de réélection.

6. Lors de l'élection mensuelle, le tiers restant de l'ancien bureau sortira de droit, l'autre sera déterminé par le sort.

7. La Société nomme chaque mois et par un même scrutin son Président, ses deux vice-Présidents et son trésorier, pris parmi les membres du bureau. Cette élection se fait à la simple majorité relative. Du reste,

le bureau procède lui-même à son organi-
sation, à la nomination de ses Secrétaires,
etc.

8. Tout bulletin qui contient moins de
noms qu'il n'y a de nominations à faire est
nul.

Celui qui en contient plus n'est valable
que pour les premiers jusqu'à concurrence
du nombre requis.

9. Seront considérés comme démission-
naires de fait de leurs fonctions et seront
remplacés avec les prochaines séries sor-
tantes :

1° Tout membre du bureau qui, sans excuses légitimes, se sera absenté pendant
vingt jours.

2° Celui qui, ayant la signature, aura re-
fusé de signer les actes de la Société.

10. Les fonctions de Président sont de
maintenir l'ordre dans la Société, d'y faire
observer le règlement, de prononcer les dé-

cisions de la Société, de porter la parole en son nom.

11. Les fonctions de Secrétaire sont de rédiger le procès-verbal, d'en faire la lecture, d'inscrire pour la parole les membres suivant l'ordre de leur demande, et d'assister le bureau dans tous ses travaux.

12. L'un des Secrétaires, désigné par le bureau, aura la signature avec le Président; elle appartiendra en leur absence aux vice-Présidens et à l'autre Secrétaire.

III. — SÉANCES ET TRAVAUX.

13. Le Président fait l'ouverture et annonce la clôture des séances. Il indique à la fin de chacune l'ordre du jour de la suivante.

14. Les travaux ont lieu dans l'ordre suivant :

Lecture du procès-verbal, de l'ordre du

jour, des lettres de candidats, et de la correspondance.

Rapport des commissions.

Discussions sur les propositions et rapports antérieurs.

Communication des propositions nouvelles.

15. Le procès-verbal contient l'exposé sommaire des travaux de chaque séance.

16. Les discours, les rappels à l'ordre ne seront insérés au procès-verbal que sur la décision expresse de l'assemblée.

17. Le procès-verbal, transcrit sur un registre particulier, est signé par le Président et deux Secrétaires.

18. Dans toute discussion, la parole n'est donnée que par ordre de demande et d'inscription. Les orateurs doivent être entendus alternativement,pour et contre.

19. Nul ne peut parler de sa place, et ne

doit se rendre à la tribune sans avoir obtenu la parole du Président; en cas de contestation, le bureau décide à qui appartient la priorité.

20. Tout membre qui prendra la parole sans l'avoir obtenue du Président, ne pourra parler sur l'objet en délibération qu'après tous les membres inscrits pour ou contre.

21. Le Président peut interrompre l'orateur qui s'écarte de la question et celui qui enfreint le réglement.

22. Il prononce le rappel à l'ordre ; en cas de réclamation, l'assemblée décide.

23. Aucun membre ne peut parler plus de deux fois dans une séance sur la même question, à moins que l'assemblée ne consente à l'entendre.

24. Le Président ne prend la parole dans une discussion que pour ramener à la question; s'il veut discuter, il quitte le fauteuil jusqu'à la fin de la discussion.

25. La parole est immédiatement accordée à celui qui la demande pour le rappel au réglement, la position de la question, le rétablissement d'un fait, un fait personnel.

Lorsque l'ordre du jour, l'ajournement, la priorité, la clôture, sont réclamés, ces questions sont mises aux voix. Si, sur la clôture, l'épreuve est douteuse, la discussion continue.

26. L'orateur n'adressera la parole qu'au Président et à l'assemblée.

27. Les discours écrits sont interdits, si ce n'est aux rapporteurs des comités et commissions.

28. Dans la discussion à laquelle donne lieu le rapport d'une commission, le rapporteur a la parole le dernier; ce droit ne s'étend pas aux membres qui développent une proposition.

29. Tout amendement sera rédigé par

écrit et déposé sur le bureau, avant d'être mis en délibération.

Aucun amendement ne sera discuté s'il n'est appuyé.

30. La discussion des amendemens ne commencera qu'après la discussion principale.

31. Le Président met d'abord aux voix celui des amendemens ou sous-amendemens qui s'éloigne le plus de la proposition primitive; s'il y a réclamation, l'assemblée décide la question de priorité.

32. Lorsque tous les articles d'une proposition ont été adoptés, on vote sur l'ensemble.

33. L'assemblée vote par assis et levé, à moins que le scrutin ne soit réclamé par dix membres.

34. Nul ne peut prendre la parole pendant l'opération du vote.

35. Les peines de discipline de la Société
sont :

Le rappel à l'orde pur et simple.
Le rappel à l'ordre avec censure.
L'exclusion.

36. Lorsque, sur des motifs graves, l'exclusion d'un membre sera réclamée, son
nom devra être remis au bureau central,
qui établira préalablement une enquête
secrète, et fera, s'il y a lieu, à la Société,
un rapport à ce sujet.

37. Il sera prononcé sur l'exclusion, au
scrutin secret et à la majorité des quatre
cinquièmes des voix des membres présens.

IV. — PROPOSITIONS.

38. Toute proposition devra être écrite,
signée par son auteur, et déposée sur le
bureau, pour être lue par son auteur à la
fin de la séance.

39. Si elle est approuvée, elle sera inscrite sur l'ordre du jour.

40. En cas d'urgence alléguée par le proposant, la proposition sera immédiatement communiquée à l'assemblée, qui décidera sans discussion sur son opportunité.

V. — COMMISSIONS.

41. Les commissions sont composées de membres en nombre impair. Elles sont nommées par le Président, à moins que l'assemblée ne juge convenable d'y procéder elle-même par scrutin. Les nominations sont faites à la simple majorité relative.

42. Les commissions peuvent s'adjoindre un ou plusieurs membres titulaires; elles nomment leurs rapporteurs à la majorité des voix.

43. La durée des fonctions de chaque commission est de deux mois au plus.

VI. — COMPTABILITÉ.

44. Le trésorier est chargé de toutes les recettes et dépenses de la Société.

45. Une commission de trois membres sera chargée de la surveillance de la comptabilité. Immédiatement avant la réélection du trésorier, cette commission apurera tous les comptes et fera connaître à la Société le résultat de son travail.

46. Aucune somme ne sera payée que sur la présentation d'un bon ordonnancé par le Président et le Secrétaire ayant la signature.

47. L'archiviste, nommé par le bureau dans son sein, ne se dessaisira d'aucune pièce que sur un ordre signé du Président et du Secrétaire ayant la signature.

48. Il ne pourra être fait au présent règlement aucun changement ni dérogation

que sur une proposition signée de quinze
membres.

49. Toutes dispositions antérieures con-
traires au présent réglement sont abrogées.

5o. Le présent réglement sera copié sur
un registre et signé du bureau. Il sera en
outre imprimé et distribué dans le plus
bref délai à tous les membres de la Société.
Les modifications qui pourront y être ap-
portées ultérieurement seront inscrites à la
suite sur le registre.

FIN.